KB203659

그를
두고
　　오는
　　　길

〈우리들의 시편〉 시리즈는
예측지도, 예감치도 못한 인생의 구덩이에서 터져 나온 외마디 비명입니다.
까닭 없는 수모와 수치를 꿀떡 꿀떡 삼키며 흘린 눈물입니다.
걷잡을 수 없이 흔들리는 인생의 갑판 위에 토해 낸 탄식입니다.
그럼에도 마침내 절망과 원망의 정수리를 지르밟고 거머쥔 환호이자
부서진 영육을 위로와 치유로 엮어가며 읊조리는 우리들의 기도입니다.

그를
두고
    오는
       길

정국인

홍성사

차
례

I

그를 두고 오는 길

# 그를 두고 오는 길

그를 두고 오는 길이
멀었다
그는 이미
거기에 없을 터인데

따뜻한 저녁상을 받는데
더 미안했다
그는 이제
더 맛난 것을 먹을 터인데

새날이 왔는데
아득하다
그는 늘
새날이 좋은 날일 터인데

아픔이 없는 곳이니
눈물도 없으려니

내가 가보지 않아서
내가 있어 보지 않아서
내가 맛보지 않아서
감히 모르는 그곳

그곳의 평강을
지금
저에게도
새끼들에게도
부디
허락하소서

355
일

작년 가을
떨어져 쌓이는 게
어디 마른 잎뿐이랴
절망
그 끝을 알 수 없었다

달려오는 헤드라이트에 갇힌
야생의 눈동자처럼

작년 겨울
아픈 사람에게
파고드는 추위가
어디 겨울 한파뿐이랴
방사선실 냉기는
뼛속까지 시렵단다

그리고 봄
봄 연두의 싱그러움에
아침마다
감탄 또 감탄

여름
그 지루함
지리산의 총총한 새벽별이
밤새 너무 오래 머물다 갔다

다시 온 가을에
그는 떠났다

우리는 가난한 마음으로
하루에 하루를 더했고
슬펐지만 충만했다
걸음마다 함께함으로

355일 동안

2012년 10월 14일 진단받고 355일 동안의 투병 끝에
2013년 10월 4일 그는 그렇게 떠났다.

후반전

근심에 배불러
허기를 잊었다

낙담에 배불러
치장을 잊었다

불안에 배불러
잠도 잊었다

남편이 빠진
세 식구의 모습이
두려웠다
그 그림만은 피하고 싶었는데

그러나
이미
나는 운동장에 세워졌다

아내라는 명함을 접어 넣고
엄마라는 이름으로
일어선다

준비도 덜 되었지만
연습 없이 섰지만
깨질듯 아슬하지만

게임은 시작되었다
째깍 째깍 째깍

## 딸과 아들

당신과 똑 닮은 딸
말도 참 재밌게 해요
내 말을 오랫동안 잘 들어 줘요
결정에 신중하고
결과에 관대해요
당신 그대로예요

당신을 빼닮은 아들
벙글벙글
뭐가 그리 좋을까요
화 한번 안 내는 너그러운
마음씨
당신 그대로예요

같은 옷 며칠씩
꽃단장을 성가셔 하는 딸도
당신 그대로예요

귀차니즘 아들도
피해갈 수 없는 DNA
당신 그대로예요

엄만 뭘 입어도 멋져
우리 거 안 사도 돼요
엄마 옷 좀 사요
당신에게서 듣던 말
여전히 들어요

그런 딸과 아들
당신 대신
남겨 줘서 고마워요

매생이국

깊은 초록 속
조랭이 떡 동동
못생긴 굴도 한 움큼
빠질 수 없지

수저로 떠먹기 쉽지 않은
너희들
데일까 봐 일부러
달아나 주는 거니

입안에 맴도는
짭조름한 향
음 —
바다와 가까워진 이 느낌

작년에 함께 먹던
남편의 빈자리에는

모글 모글
김 오르는
매생이국 한 그릇

시
월
드
와

친
정
랜
드

시월드가 말한다
떠난 사람만 불쌍치
산 사람은 다 살게 마련이여

친정랜드가 말한다
떠난 사람이야
가면 그만이지
남은 사람만 힘들지

시월드 말도 맞고
친정랜드 말도 맞다

머릿속이 하얗다
모진 게 사람 목숨
제 아무리 슬퍼도
마음이 뭉개진 걸로는
안 죽는구나

먹어도 지고 웃어도 진다
그래도 또 아프다
살이 아프다
보고 싶고 목소리 듣고 싶다

그는 그렇게 떠났지만
결국은
나에게 남아 있다

시간 속에 공간 속에
보이지만 않을 뿐
항상 있다
실재보다 더 진한 흔적으로 말이다

그래서
남은 사람이 더 힘든 게 맞는 말인가 보다

마
법
사

난 예쁘지 않았다
난 순하지도 않았다
난 참을성도 없었다
난 헛점투성이였다

그는
나를 멋지다고 했다
나를 착하다고 했다
뭐든지 잘한다고 했다
시월드에 잘해 주어 고맙다고 했다

난 웃는 얼굴이 되었다
난 손해 봐도 약 오르지 않았다
난 주눅들지 않았다

난 정말 그의 말대로 되었다
그는
나에게
마법을 걸어 준 마법사였다

행복총량법칙

웃을 만큼 다 웃었나 봐요
좋아할 만큼 다 좋았나 봐요
누릴 만큼 다 누렸나 봐요

누구에게나
공평히 나눠 주신
행복이란 보따리를
우리는 너무 성급하게
풀었나 봐요

이럴 줄 알았으면
좀 미워도 할 것을
좀 싫어도 할 것을
좀 무시하기도 할 것을

함께했던 27년 고마웠어요
당신 덕분에
너그러울 수 있었어요
칭찬 많이 들었기에
후할 수 있었어요
늘 나에게 져준 거 다 알아요
내 심통에도 유머로 웃게 해준 거 고마워요
나보다 큰 마음씨 나도 알고 있었어요

일찍 거두신 뜻
알 수 없지만
좋은 자리 먼저 차지했다고 위로할래요

그곳에서
좋아하는 프리미어 축구랑
바둑이랑 만화 실컷 즐기세요
그러다가 가끔 심심하거든
꿈에라도 한번씩 왔다 가세요

남보다 더 높아지려
온 힘을 다했다
영영 내려오지 않을 사람처럼

남보다 더 가지려
발버둥쳤다
영영 갖고 있을 사람처럼

남보다 더 젊어 보이려
부지런 떨었다
영영 늙지 않을 사람처럼

먼저 보내는 죽음 앞에서
악다구니 쳤다
영영 살 사람처럼

낮아지고
잃고
늙고
아프니
내가 깃털처럼 가볍다

아, 참 다행이다
영영 여기 있지 않는다니······

돌발성 난청

소리가 안 들린다
내 목소리도 울리기만 한다

비행기 이륙하는 멍함에
빈 하품만 여러 번
세상이 웅웅대는 소란함에 갇혔다
신경 줄이 팽팽해진다

아빠의 장례를 마친 아들
씩씩한 척해도 힘겨웠구나
'이제는 내가 캡틴이다'라는
네 안의 외침이
세상의 소리마저 밀어내는 걸까

아들아 아프지 마라
아들아 굳세어라
군생활 잘 마치고 돌아오거라
사랑한다 아들아

과
부

유
감

I

34

밤이면
내일이 두려워서
잠을 밀어내고

아침이면
새날이 아득해서
햇살이 싫다

바람 불면
빈 마음이
허공에 흩어지고

비 오면
보이지 않는 무게가
나를 누른다

눈송이마저
이내 사라져 버리는
허망함도
이제는 친근해진 상실

얕잡아 보일까
겁먹은
나는
하루하루 야위어만 간다

과부 유감 2

쉰 하나에 새 감투를 썼다
과부에 가장

크허허허
눈꼬리를 따라 길을 낸 눈물이
저 혼자 흐른다

온 종일 찾았다
내 길이 어디에 있는지
인파 속으로 들어갔다
바쁜 일이 있는 척 서두르며
그러나
내 눈알은 뒤를 더 살폈다
혹여라도 초라해 보일까 봐

지친 몸뚱이
책상에 앉아 묻는다
어느 분이 참척慘慽의 고통으로 하셨다는 질문
"한 말씀만 하소서……"

나의 기도는 그렇게 저물고
멀리 동이 텄다
아담과 하와의 첫 실수를 미워하면서……

그
리
움
I

젤 아픈 게
그리움이더이다
상처보다 안 낫는 게
그리움이더이다

젤 슬픈 게
바람이더이다

꽃바람
비바람
눈바람까지
볼에 스치더니
어느새 계절이
오고 가더이다

그믐밤 달빛이
허다히 지나도록
가슴속
덜컹거리는 수레소리는
점점 커지더이다

오열하던 밤이 지나면
아픈 새벽이 오고
또 아린 하루만
문밖에 서 있더이다

그
리
움
2

신辛새벽 세 시 반
뛰쳐나가
골목골목을
엉엉 울었다

모든 움직임이 고요한
이 시각
시선에서 자유롭다

틀어막아도 새어 나오는
꺼억 꺼억
짐승 소리

나는 큰 죄인
그리움의 형벌을
벗을 수 없는

한참을 그러다
다시 기어든 다섯 시
깊은 숨 내쉬고
아무 일 없었다

희
망

엘리야에게 보였던
손바닥만한 구름

표적 항암제에도
남편이 달게 먹었던 밥 한 공기

든든 장녀
민주의 생글생글 출근길

요령 고수
선욱이의 마라톤 완주

그래, 해보자
그래, 버텨 보자
그래, 살아 보자

커다란 스텐 다라이를
오랜만에 내놓는다
배추 세 통
소금에 절이려……

## 시작 詩作

시를 쓰려고
시를 쓴 적은 없다

뭔지 모를 덩어리가
내 안에 꽉 차서
그것을 비워 내지 않고는
터질듯 아파서
그저
적어 내려갔다

나에게 고여 있었다면
불이 되어서 데었을
돌이 되어서 막혔을
얼음이 되어서 녹지 않았을

그것들이
아롱아롱
펜 끝에서 떨어졌을 뿐이다

들키고 싶지 않은 눈물이지만
그러나
누군가 알아줬으면 싶은
얼룩이기도 했기에

바람에 춤추고
서리에 떨었던
꽃잎들의 속삭임이
나에게 왔을 뿐이다

시를 쓰려고
시를 쓴 적은 없다

마
음

당신 떠난 뒤
내 마음엔
유리조각만 가득

한 번씩
그리움이라는
파도가 일면
부딪치고 깨져
온 마음은 너덜너덜

언젠가는
잘게 쪼개져
반짝이는 모래 되어
흘러 나가겠지

아하
그래서
바닷가엔 모래알이
저리 가득하구나

나를 안아 줍니다

나를 안아 줍니다
수고 많았다구여
나를 토닥여 줍니다
최선을 다한 거라구여
나를 칭찬합니다
게으름 피우지 않았으니까여
나에게 상을 줍니다
그 동안 쉬지도 못했으니까여

세상이 몰라준다고
서글퍼 안 합니다
결과가 미흡하다고
실망도 안 합니다

나는 이제
I'm ready입니다
삶 최고의 여행
아주 길 여행
꼭 만나고픈 그분을 만나러 갈
여행 준비가여

만만찮은 인생에서
그만하면 꽤 잘한 거예여
오늘은
내가 나를 안아 줍니다

# 당신 얼굴

보고 싶어요
당신의 웃는 얼굴이
듣고 싶어요
당신의 듬직한 목소리가
만나고 싶어요
당신의 유쾌한 하루를

내가 보는 당신 얼굴은
나를 쳐다보는 당신 얼굴이었죠
당신 얼굴에 있는
나를 다시 보는 거죠

나를 보는 당신의 눈빛이
평온해서 좋았어요
그때 내가 웃고 있었나요

나를 보는 당신의 눈빛이
그윽해서 행복했어요
그때 내가 사랑스러웠나요

나를 보는 당신의 눈빛이
미안해서 슬펐어요
그때 내가 낙심하던가요

아마 지금 당신 있다면
그 눈빛 안쓰럽겠죠
내가 많이 서러우니까요

내일 만일 당신 있다면
환하게 웃도록
당신이 좋아했던 매무새로
한껏 꾸밀 텐데요

이제는 내가
당신을 기억할 때 하늘을 볼께요
그것이 내 얼굴에 있는
당신 얼굴이에요

안녕하시지요

아들의 웃는 낯에
당신의 얼굴이 있어
내 마음엔 봄볕이 쏟아지고

딸의 취향 속에
당신의 호불호가 있어
내 가슴엔 저녁노을이 번집니다

날 위해 남긴
내 눈에만 보이는 버릇은
나에게만 슬픈
선물입니다

아들과 딸에게
오늘도 인사합니다
당신…… 안녕하시지요……


늦은 밤 귀가 길, 조수석에 앉은 딸이 말한다.
"엄마 내가 좋은 노래 틀어 줄까? 옛날 노랜데 진짜 좋아. 한 번 들어봐."
"……우린 헤어져 서로가 그리운 그대 그리고 나……"
신혼 시절 남편의 애창곡이다.
남편은 아이들 앞에서 이 노래를 부른 적이 없었는데 딸이 어떻게…….
딸과 나에게 또다시 쓸쓸한 밤이었다.

# 누구입니까

초록이 쏟아 주는
햇살 안에는
누군가가 있다
살갑게 속삭이는
귓속말이 있다

용서해라
잊어라
품어라
그리고 웃어라

계곡물에 둥글어진
바위 동산 그 속에도
누군가가 있다

일어서라
쓰러지지 마라
굳세어라

흙 길에도
타박타박
누군가가 있다

네 탓이 아니다
네 잘못이 아니다
인생사 다 그렇다

내 맘 안에
퍼지는 그 음성
당신은 누구입니까

나를 미워하다 미워하다
지친 나에게

숲에서
햇살에서
바위에서
계곡물 따라
바람으로 나에게 와서

나를 뒤돌게 하는
당신은 누구입니까

지리산 청학동 숲길에서.

진짜 사나이

AST ALT
알부민
빌리루빈
혈소판
AFP

당신을 울러싼
온갖 수치와 숫자에
나는 어느새
당신의 기분을 묻기 이전에
혈압과 체온부터 궁금해졌네요
미안해요

당신이
말수도 체중도 머리숱도
줄어드는 사이에
나는 어느새
저린 손목에
짜증이 길어졌네요
미안해요

깡마른 얼굴에
눈빛만 형형한
이제는 나보다 연약해진
당신이지만

노란 눈자위
까만 얼굴빛
부른 배와
소리 없는 전쟁 중인
당신은

세상에서 가장 용기 있는
진짜 사나이

유머와 콧노래로
자신을 즐겁게
덕담과 축복으로
식구들을 복되게

오늘 한 걸음
내일 두 걸음
느릿한 산행이지만
모두에게 희망을 뿌려 주는
당신은

세상에서 제일 멋진
진짜 사나이

TV에서 〈진짜 사나이〉라는 프로그램이 인기다.
남편은 이 프로그램을 보면서 좋아라 웃는다. ROTC 출신인 남편은
군대 얘기를 할 때면 늘 신이 난다. 이 프로그램이 매일 하면 좋겠다.          59

# 아픈 당신

아픈 당신
잠든 소리에
뒤꿈치 살살
안심 반 근심 반

아픈 당신
찡그리며 참을 때
낫느라고 아픈 거야
애써 씩씩 반 가슴 먹먹 반

아픈 당신
줄지 않는 반찬에
그래도 좀 먹어야지
재촉 반 안쓰럼 반

아픈 당신
헐렁해진 양복에
요샌 다들 작게 입어서 그래
위로 반 낙심 반

흰 구름 하늘에도
먹구름 나올까 조마조마
푸른 하늘조차 못 누리는
나는

마음에 아직
근육이 덜 생긴 탓

나
화나
있어
요

당신의 은혜가
내게 족하다면서요
징계는 잠깐이요 은혜는 평생이라면서요
간밤에 눈물로 기숙하였으나
기쁨으로 아침을 열 거라면서요
당신이 채찍에 맞음으로
우리가 나음을 얻었다면서요

나한테 이러실 수는 없어요
내가 그리도 많이 잘못했나요
야속한 마음만 켜켜이 쌓입니다

당신 길은 나와 다르고
당신 생각은 내 생각보다 깊다 하셨져
지금의 고통도
나에게 결국엔 유익이라 하셨져
범사에 감사하라 하셨져
네, 그럴께여
감사할께여
무조건 감사할께여
다 이해할 수 없을지라도
당신께 다시 엎드릴께여

큰 고비마다 믿음 안에서 겨우 버텨 왔는데
아이들 입시 마치고
이제 주변이 눈에 들어오기 시작했는데
남편이 덜컥 큰 병 얻고
우리의 심신이 시들어만 갑니다

나는 자꾸 나에게 화가 납니다
어느 누구도 아닌
내가 이 세상에서
제일 밉습니다

거울 속에 있는 나는
더 이상 예전의 내가
아니네요

웃음기 머금은
그 얼굴은 어디 가고
불안한 시선
조마한 숨결
눈물로 얼룩진 볼
낯설기만 합니다

그러나
이것 또한 우리에게 있을 수 있는
경우의 수 중에
가장 최선을 허락하신 것이라고 믿을께요
그리고 감사할께요

그렇지만
난 아직 화나 있어요
실수가 없으신 분이라는 당신께
화나 있어요
정녕 나에게
이러실 수는 없어요

선량하고 너그러운
이 사람
아직 나에게
우리 아이들에게
필요해요

살려 주세요
남편을 살려 주세요
그저 히스기야만큼만*
살려 주세요

*히스기야는 남유다의 13대 왕으로서, 병들어 죽게 되었을 때
낯을 벽으로 향하고 하나님께 간곡히 기도하여
그 생명을 15년 연장받음(왕하 20장).

묵
계
리

I

해가 가까워요
그래서 더 따가워요
아마도
초록이랑 그늘을 더
만드느라겠죠

밤하늘이 반짝여요
흡~ 들이키면
마실 수도 있겠어요
손톱 끝에 앉혔더니
근사한 네일아트 되네요

계곡에 누워 봐요
아, 이 순간은
여름도 잠시 쉬나 봐요
모기 물려 힘들지만
벌레들의 왕국에 침입한
입장료예요

푸른 산
콸콸 계곡
쩽쩽 매미
앵앵 벌
꼬끼오 수탉
음뫄 누렁소

새로 사귄 벗들을 돌아
황토 방에 들어오면
더딘 산 속 시계도
하루를 마무리해요

참, 오늘은 난생 처음
더덕 꽃을 만났어요
그 자태에 매혹되어
온종일 콧노래 나와요

마음이 가난해지니까
몸이 좋아하네요

여름 내내 지리산 묵계리 제곡 황토 방에서 남편과 지내면서…….

묵
계
리

2

코끝에
쌉싸름 화아~
풀냄새 산냄새

귓가에
찌잉~ 찡
벌레소리 산소리

벌겋게 성이 난 장작도
틱 푸덕 틱
정겨운 투정

사각 바스슥
잎새끼리
아무리 부딪쳐도
다툼 한 번 없는 곳

밤도
별이 돋보이도록
까만 옷만 입어 주는
사이좋은 동네

흰나비 사뿐
잠시 쉬었다
너울너울 휘리릭

에이
좀만 더 있다 가지
들를 데가 많나 보다
예전의 나처럼

산동네
느린 하루가
어느새 흘러갑니다

묵
계
리

3

앞뜰에 달린
토마토
한 달째 보는데도
무에 그리 수줍은지
볼수록 발개지네

주렁주렁 시퍼런 감
주황색 물들 때면
이 골짜기도
가을이 슬퍼지려나

밤송이도
원래는 초록이었다니
내 무식이 미안타

땅에 누운 호박은
인심도 좋아 보이네

깻잎 사이로 솟은 꽃대에서
들깨가 나온단다

빨간 고추와 풋고추는
한 가지에서 나오는
남매지간

호호 그렇구나
밭과 들의 촌수 익히느라
어리바리 도시 촌년
어설픈 하루가
후딱

이
놈
의

울
컥
증

느닷없이
눈물 뚝뚝
이놈이 또 왔다

빨래 널다
주루룩
이놈이 또 왔다

푸른 하늘 흰 구름
목구멍이 켁켁
이놈이 또 왔다

아범은 어떠냐
에미 너도 괜찮냐
구십 넘은 시아버지 목소리에
명치끝에 돌덩이
이놈이 또 왔다

황토 방에 누운
감나무 그림자
너도
오랫동안 아픈 양
많이 휘어 있구나

설
사

밤새도록 우르르 쾅
배 속 폭풍
요동 속에
어느새 동이 트누나

기진맥진 허기진 몸
오늘도 하루가 길겠거니

눈자위도 살피고
혀도 살피고
발도 살피고

배탈도
울긋불긋 반점도
나쁜 것이 모두 밖으로 나오는 것이라며
초록 즙 한 컵으로
기쁜 배웅 허허허

그려
그런 마음으로
이 손님
그렇게 얼른 보내 드립시다

## 암에게 고함

어느 틈에
내 안에 들어와 터 잡더니
이제는 적반하장
나더러 꼼짝 말라네

너끈하던 산행도
기엄기엄 오르게 만드는
네 놈의 횡포는 과연
대단하구나

네가 달게 먹는 것은
내 안의 두려움
네가 역해 뱉는 것은
내 안의 감사

너에게 말한다
나는
여전히 감사하며 행복하다고

내 안에서 자라고 있는 네가
어여쁠 리 없건마는
미워하는 마음이
나에게 오히려 독이라

분한 마음 삼키며
잠시 너를 허하노라

다만
순하게 순하게
깊은 잠 자다가
자고 난 흔적마저도
속히 치워 떠나거라

아프고 나니

먼지 쌓인 사진 정리
게을러서 안 했는데
아프고 나니
힘에 부쳐 못 하네

벚꽃놀이 단풍놀이
피곤타고 안 갔는데
아프고 나니
안 가도 피곤하네

울퉁불퉁 보도블록
짜증 많았는데
아프고 나니
불편해도 감사하네

세상사
크고 작은 사연들이
전에는
왜 안 보이고 안 들렸을까

아프고 나니
가슴도 눈도 귀도
더 생기나 보네

아하
그래서 그러셨구나
내 은혜가 네게 족하다고……

어젯밤

나 어릴 적
소풍날도
잠 못 잤었지

아이들 입시날도
길기도 길더만
그 조바심이
발표날을 당할까

그동안
긴 밤이 참 많았구나

나의 대접이 소홀했나
빚 독촉하는 이처럼
긴 밤이 자꾸 찾아온다

정기 검진 날이면
어느새 곁에 온
긴 밤
어젯밤

엄마 마누라

한 수저만 더 먹자
옳지, 잘 먹네
열 걸음만 더 걷자
옳지, 잘 걷네

우하하하 큰 소리로
옳지, 잘 웃네
흐으읍—
단전까지 들이쉬고 내쉬고
이제 금세 낫겠네

얼른 자자
10시에서 2시까지
성장 호르몬이 나온대

닝닝한 야채 스프
아침마다 과일 주스
연근 우엉 마죽
식탁에는 잔뜩 밀린 먹거리 숙제

나 콜라 마시고 싶어
안 돼
햄버거도 몇 달 못 먹었어
안 돼

뜸 뜨고
족욕하고
발마사지도 해야 해

언제부턴가
사나워진 조련사 말투
나는
더 이상
마누라가 아닌 엄마 마누라다

남편의 유머

대학병원이란……
겨우 잠든 나에게
"김동균 환자분, 수면제 드실 시간입니다.
약 잡숫고 주무세요"
라며 깨우는 곳

Red

남편이 입원할 때마다
빨간 니트와
오렌지 립스틱을 꼭 챙겼다

환자가 줄곧 쳐다보는
보호자 얼굴

더 웃고
더 생기 있게
어제보다 오늘
더 기분 좋게
그것이 나의 Mission

Black & White를 즐기는
내 스타일이
백일홍 꽃밭이 되다니
아무렴 어때
밝은 에너지를 줄 수만 있다면야

Red
부탁해
내 안의 Blue를 녹여 줄 거지?
남편 안의 Grey도 쫓아 줄 거지?

어느 날
남편의 한마디
파스 냄새 다 난다
자기도 제발 좀 쉬어

나의 Red는
꽃 대신
파스 냄새가 났다

퇴
원

집에 오니 살 것 같다

일인실
방값 걱정에
너른 공간 편리 시설도
좋은 둥 만 둥

다인실
TV 소음
들락날락 어수선
그나마 비용 절약되니
불편도 감수

드디어 퇴원
포근한 잠자리
조용하고 불 꺼진
네모난 공간
여기가 천국이었네

아
집에 오니 다 나은 것 같다
홈 컴포트 홈

병실 일기

남편의 커진 눈망울
애처롭고 정결하다

푹 꺼진 눈두덩
느릿한 깜빡임이 더없이 순하다

깊어진 볼우물
광대뼈도 도드라졌다

우리의 시간이
점점 짧아지고 있다는
그저 알아지는 감지
나도 그도 입 밖에 내지 않는다

쓰다듬는 손길에 차오르는
따스함을
오래 기억하리라
마음속에 흐르는
강줄기만 여전히

그저 고맙다는 눈 말
그저 미안하다는 눈 말
하얀 방에 가득하다

아들의 방

아
들
의

방

훈련소에 눈물로 두고 온
그 아들이 맞더냐

혹한 폭설에
무사 소식 애타던
그 아들이 맞더냐

의젓해진 어깨
단단해진 팔뚝
가슴팍 계급장까지
흐뭇하구나

첫 휴가 나와서
다시 게으름뱅이

눈 흘기는 엄마에게
"역시 엄마표 깍두기가 최고!"라며
바삐 떠먹는 너는
내 마음의 빗장을 단숨에 푼다

오냐
내 아들이어서 고맙다
네 어미라서 떳떳하다

후딱 지나간 2박 3일
온기 덜 떠난
아들의 방에
나는 다시 홀로 서 있다

바둑

여름 한 낮
부자의 내기 한 판

하얀 돌 까만 돌
놓았다가
들었다가

또깍 또깍
스윽 스윽
허어 참
앗차차 그걸 못 봤네

폭풍우 몰아치고
기습작전 고지탈환
피 철철 흘리는 전쟁터란다
승리와 석패의 아우성

에구
암만 봐도
흰 돌 까만 돌 얌전히들 앉았구먼
지루한 엄마는
부채질만 급하네

얼릉 끝내고
냉면 한 그릇 먹으러 갑시다

# 키다리 아저씨

여자 마음 얻기는 한방이다

맞선 이후
어색한 데이트
시골스러운 그의 외모 탓에
시큰둥해 있는 나에게

국인 씨
우리는 너무나도 잘 어울리는
한 쌍이에요
이것 보세요
키도 똑같잖아요

난 그에게 200점을 주었다
콤플렉스를 유머로 써먹을 줄 아는
이 키 작은 남자는
그 순간 키가 무지 큰 남자가 되었다
아, 이 사람과 결혼해도 되겠구나

여자 마음 얻기는 한방이다

28년 전, 한 남자와 한 여자가 어색한 데이트를 시작했다.
키가 작고 세련된 외모가 아니었던 남자에게
여자는 마음을 열고 싶은 생각이 없었다.
그런데 아뿔싸, 단 한마디 유머로
남자는 여자의 마음을 송두리째 얻었다…….

# 늙은 나무

바람 부는 공원 호숫가
유독 눈길이 간다

아슬아슬한 걸음걸이
힘겨운 저 이는
어디가 아픈 걸까

봄을 알아
피어나는 꽃봉오리보다
백 년 고목
옹이진 허리에
체온을 얹는다

나는 네가 좋구나
틀리고 꺾인 메마른 너의 몸
생채기투성이 내 손 같다

그렇게 버텨 준
지난 겨울이
고맙고 고맙다

이
사

남편 떠난 후
혼자서 치른 이사
몸의 고단함이
마음의 시름을 잊게 해준다

눈 감으면 떠오르는 옛집
H아파트 41동 102호
지난 13년간 우리 식구들의
둥지

부엌 한 켠
벽 타고 올라간 키재기 눈금
두고 와서 미안해

한때는 놀이터
한때는 싸움터
한때는 쉼터
한때는 한숨터

베란다 큰 창에
펼쳐진 초록 향연
밤새 빗소리
이른 아침 가득한 눈

지루할 틈 없었던
너를
오래 기억할께
네 품에서 우리들
많이 좋았었어

베
개

베갯잇 가온자리에
이불깃 끄트머리에
이즈러진 꽃잎 몇 장

한 겹 두 겹
그 위에 또 한 겹
어젯밤 목메임이
여기서 쏟아졌나 보네요

거품 속으로
꽃잎들을 담급니다

우리 딸의 베개에도
구름이 뭉실 뭉실
아무도 모를 아픔이
밤새 머문 자리

베개에 그려지는
꽃과 구름은

차곡 차곡
가슴속에 품고 있던
이야기들입니다

그리움이 그려 내는
또 하나의 그리움입니다

딸의 첫 월급

옥수수 알같이
빼곡한
너의 성실과 수고를 내가 알길래

먹고 마시는 데
도저히 녹일 수가 없어서
나로서는 용처를 감당할 수가 없어서

가장 귀하고 크신 분께
드림이
마땅하다

떠나보낸 재물
이 자유함이여
쥐고 있기보다 풍성한
이 족함은 무엇일까

딸의 평생에
함께하시고
환난에서 건지시며
근심 없게 하소서

# 달
# 팽
# 이

축축한 땅
느릿한 행진
불쌍하기만 했던 너
이 세상을 우찌 겪을꼬

단단한 갑옷
성가신 세상과는 문 걸어 잠그고
고요가 필요할 땐
동그랗게 칩거

도피와 안식을
등에 업고 다니는
너

오늘은
네가 무지 부럽다

# 옛
# 친구

옛 친구를 만났네
너가 동연이니
너가 국인이니
기억 속에 정지해 있던 그 얼굴
조금씩 보이네

너는 엄마
나는 아빠
너희 동생은 딸

민들레로 반찬 만들고
아카시아로 냉국 띄우고
돌멩이로 콩콩콩
도마질이 한창

한옥집 디딤돌이
부엌이 되고
튀밥으로 수북한
밥 한 그릇
여보 저녁 드세요

콧소리 엄마 흉내에
너도 나도
까르르르

그렇게
해가 저물던
내 어린 날의 한 자락

42년 만에 초등학교 동창을 만나고 나서.

우울증

안 씻고
안 먹고
안 자고
안 꾸미고
안 나가고
안 만나고 싶은 마음이
자꾸 쌓이면

그것은
마음이 감기에 걸린 것

나만 빼고
온 세상이 행복해 보이면
그것도
마음이 감기에 지독하게 걸린 것

그럴 때마다
나에게 내린 특별 처방

모자 쓰고 운동화 신고
시장 한 바퀴

갱년기

두근 두근 벌렁 벌렁
느닷없는 가슴 뜀이 뭔 일

울그락 불그락
등줄기에 식은 땀
막무가내 열 오름이 웬 일

또각 또각 벽시계가
길고 긴 겨울밤의
단짝 된 지 벌써 몇 해

그 옛날
울 엄마의 에구구 앓는 소리
못들은 척했던
나쁜 딸에게도 이제 왔구나

엄마, 괜찮아?
그래, 괜찮아
성가실 만도 한데
매번 물어봐 주는
착한 딸아

너에게 짐스런 어미는 되지 말아야 텐데
그러나
30년 후에는 너도 알리
끙끙대던 어미의
이 난처함을……

주름과 기미

주름
세월을 통과해 낸
Pass Stamp*

세월이 거저 가던가
사연과 사연이 얽히고서야
흘러가지 않던가

기미
수십 번의 봄볕과 가을볕을
겪어 낸
Pass Stamp

봄 가을이 쉬이 오던가
북풍과 폭염 끝에야
겨우 만나지 않던가

주름을 미워 말고
기미를 부끄러워 말아야지
밉다고 감추려는
내 마음이 미운 거지

*스페인 산티아고 순례길이나 제주 올레길 등의 구간별 통과지점에서
받을 수 있는 확인 도장.

바람과 서리

어느 날
준비 없이 태어나
자라났고 어른이 되었다

사랑하고 미워하고
원망하고 상처도 주면서
그렇게 나이 들며 처음 해보는
아내 노릇
부모 노릇

흰머리 제법 생길 즈음
삶에 겨우 익숙해지나 싶었는데
어느새
죽음이라는 손님도
내 주변에 가끔씩
왔다가 간다

만남에도 어설폈는데
헤어짐에는 더욱 미숙해서
겪어 내기가
힘겹다

아, 삶이라는 숙제
살아 내라고 부여받은 명령
그래서 생명이란다

살아 있는 모든 게
아름다운 까닭은
버텨 낸 자들이
겪은
저 바람과 서리 때문이리라

눈물이 콧물에게

때와 장소도 안 가리고
꼭 따라붙는
눈치라고는 없는 애
내가 우아한 꼴을 못 보지

그
이름
엄마

입에서 참 순한
가슴에서 찡한
눈으로 안쓰런
기억으로 아픈
마음에 영원할 그 이름
엄마

가슴 철렁할 때
무섬이 덮칠 때
제일 먼저 나오는 그 이름
엄마

흑백사진 속의 고운 자태
어디 가고
푸실한 머리카락
작아진 키
내 품에 들어온
엄마

엄마
고마워요
미안해요
사랑해요

목
련

호위무사 하나 없이
홀홀히 꽃봉이만 높이 서 있는
너는
아마도 어느 몰락한 왕조의
공주였나 보다

애통한 그 무엇이
한이 되었나
채색 옷도 마다하고
아지랑이도 피기 전에
그리 서둘러
스러지는지

너의 사연에
미안한
봄 총각이
저만치서 못 들어오고 있구나

*저 목련이 떨어지고 나면 날씨도 따뜻해지겠지. 이파리 없이 꽃송이만 있는 목련이
호위무사 없이 유배 중인 왕가의 공주 같다. 그 한 서린 기품에 봄도 멀리서
주춤하는 것 같다.

라
일
락

소담한 너를 벗해
봄 밤이 익는다

조출한 꽃송이
이다지도 여운이 길까

불빛도
향긋한 이 밤
오래 적 풋사랑이
떠오르고

내 안의 이야기들이
5월 속에서
차곡차곡 쌓인다

아
푸르름 안에서는
푸른 줄 몰랐던
시절이여

나는 지나왔는데
너는
여전히 그 시간 안에
보랏빛 향기로 머무는구나


*라일락 향기가 날 즈음이면 30년 전 캠퍼스 축제가 떠오른다.
삼삼오오 교정에 앉아 치기 어린 미래를 꿈꾸며 얘기 나누던 그 친구들,
다들 어디 있을까…….

힌트 좀

이 고비 넘으면
좋은 날이 올 거라고

이 사람만 견디면
사람으로 속 끓을 일 없을 거라고

이번 일만 풀리면
더는 맘 졸이지 않을 거라고

이 겨울만 지나면
툴툴 털고 웃을 일만 있을 거라고

그렇게
쪼그만 힌트라도 좀 주시면 안 돼요?

이 문제를 없애 달라는 부탁은 안 할께요
그러니
조금만 지나면 좋아지니까
꼬옥 참아 보라고
웃으며 넘겨 보라고

너는 분명 해피엔딩이라고
그런
힌트 좀 주세요 제발……

혼자 가는 길

기도원 가는 길
혼자 갑니다
경건으로 나선 길
동무하며 가다 보면
으레 남 얘기 하기 마련

독서실 가는 길
혼자 갑니다
친구와 같이 하려는 공부는
쉽사리 무너지기 마련

해 저녁 산책길
혼자 갑니다
온종일 성낸 마음도
걷다 보면 어느새 가라앉기 마련

혼자 가는 길
아무도 함께 갈 수 없는 길
익숙해져야 합니다

언젠가는
그분 앞에
홀로 서야 하니까요

F
i
l
t
e
r
i
n
g

고난의 유익은 걸러 냄입니다

내 속의 탁한 것이 걸러집니다
내 밖의 사람도 걸러집니다
내 눈으론
내 분별론
알아 낼 수 없는 사람을
그분의 방식으로 가려내 줍니다

나에게 겹쳐 온 불행과 고난을 보며
나를 멀리하고
심지어 언제 봤느냐 식의
몰안면이 되는 사람도 있습니다

그 사람에게는
내가 더 이상 이익이 될 만한 사람이 아닌 게지요
내게 독이 되는 사람은 저절로 떠나고
선이 되는 사람은 멀리서도 옵니다
그러니 감사할 밖에요

어느새
정화된 내가
그분께만 집중하고 있음을 깨닫습니다

고난은
하나님의 Filtering입니다

주님 당신은

주님 당신은
그 수고하심이 하늘에 이르고
그 간섭하심이 세밀하시며
작은 충성에도 상 베푸시고
나의 죄지음에 신음하시어
꾸짖음을 주십니다

당신의 귀 밝으심이
새벽 종소리 같고
당신의 셈 밝으심이
새벽 별 같아

당신이 보시는 바 없으심이 없고
당신이 기억하시는 바
잊으심이 없으니
저는
그 어디에라도 숨을 곳이 없습니다

당신의 인도하심이
늘 동일하실진대
그저 인생의 좁은 소견으로
주님
어디 계십니까
계시기는 하는 겁니까
낙담하며 쓰러지길 여러 번

그래도
쉼이 없으신 당신은
그럴 때마다
기도제목을 허락하시어
나를 일으키시고
다시금 당신께 엎드리도록 하십니다

오직 높임 받으실 분
당신을
감사하오며
사랑합니다

부
활
절

나 대신
그가
왜?

내 죄가
그를
설마!

그가
나를
그토록……

비로소
볼수록 아프다
벽에 달린 저 십자가

지은이의 말

평범하기 그지없는 한 가정의 일상이었습니다.
오랜만에 군에서 휴가 나온 아들과 함께
온 식구가 토요일 저녁 식사를 마치고 난 밤,
느긋한 시간을 보내고 있던 중에 갑자기
복통을 호소하는 남편을 데리고 황급히 S병원
응급실로 향했습니다. 그로부터 몇 시간 후
남편은 암 진단을 받았습니다.
그것도 현재의 의료 표준치료로는 아무것도
할 것이 없다는 말과 함께……

세상이 멈춘 날. 저는 그날을 그렇게
기억합니다. 세상이 멈추었습니다.
내 사고가 멈추었고, 내 인지가 멈추었고,
내 감정도 정서도 회로를 이탈해서 제어도
되지 않는, 그저 껍데기만 남은 텅 빈
느낌이었습니다. 응급실과 병실에서의 며칠간은
마치 커다란 비눗방울 속에 갇혀서 격리된
채로 허공을 둥둥 떠다니는 느낌이었습니다.

집으로 돌아왔을 때 비로소 그 비눗방울에서 '퍽'
하고 나온 기분이었습니다. 시간과 공간으로부터
정지된 듯한 며칠을 보내고 돌아온 현실의 풍경은
여전히 아무 일도 없는 것마냥 평온하게 흐르고
있었습니다.

우리 식구들은 온 힘을 다해서 아빠의 치료와
완치를 위해 최선 그 이상의 노력을 다하자고 굳게
다짐하며 함께 기도했습니다. 그러면서도 내 속의
나는 끊임없이 질문을 쏟아내 놓았습니다.
뭐가 잘못되었을까. 어디부터 어긋나 있던 걸까.
남편의 섭생에 뭐가 나빴던 걸까. 남편에게 이토록
위중한 병을 준 스트레스는 무엇이었을까.
두려움에 차서, 슬픔에 겨워서, 분노에 차올라서,
낙담에 쓰러져서, 혼란에 빠져서 이런 저런
메모들을 하기 시작했습니다.
처음에는 의료 일지를 쓸 요량이었는데 나중에는
혼자의 넋두리로 채워졌습니다.

매번 마음이 무너질 때마다 친구나 이웃을
불러내어 하소연할 수는 없었습니다.
두려움에 아무것도 할 수 없어서 그저 엉엉
울고 싶었지만 남편 앞에서는 절대로 눈물을
보일 수 없었기에 꾹꾹 눌러 쓰면서 메인 목을
삼켰습니다.
또 남편의 식사와 투병에 필요한 여러 가지
영양식을 매 끼니와 식간에 준비하려면, 늘
시간 여유가 없었고 종종걸음 쳐야 했기에,
잠깐이라도 앉아 있을 수 있을 때 순간의 감정과
느낌을 옮겼습니다.
공포, 슬픔, 절망을 넘어서서 희망, 용서, 포용,
인내, 감사로 가기까지 수많은 의문과 질문을
거듭한 끝에, 그리고는 드디어 하나님이 채워
주시는 사랑으로 충만해진 내 몸과 마음이
뿜어낸 이야기입니다.
유기농 식재료를 사가지고 와서 잔뜩 늘어놓은
식탁에서, 남편이 잠깐 눈 붙인 소파 발치에서,

방사선 치료실 로비의 의자에서, CT 결과에
조마조마하던 복도에서, 지리산 계곡 그늘에
누워 있는 남편을 부채질해 주면서, 보호자
간이침대에서 가슴속에 흐르는 눈물이 종이 위에
쏟아졌습니다.

그렇게 핸드폰 메모장에다가도, 수첩에다가도,
병원 기록노트에다가도 적어 놓았던 그 글들을
지리산에서 요양차 지내고 있을 무렵 남편이 보게
되었습니다(2013년 8월경).
음……이거 나쁘지 않다……신선하다……쉬운
말로 쓴 거라서 더 좋다……꽤 서정적이고 그림이
보인다…….
내가 완치되면 그 기념으로 꼭 시집을 내줄 테니
100개만 채워봐…….
꼭 내줄게……하면서 새끼손가락을
걸었더랬습니다.
30년 기자 생활을 한 남편의 이 같은 평가를, 자기

때문에 고생하는 와이프에게 하는 외교적
발언이려니 생각하고 그저 웃고 넘겼지요.
완치 기념이라는 그 말만으로도 저는 신이
났으니까요.

진단일로부터 1년을 못 채우고 떠난 355일
동안의 기록, 남편이 떠난 이후 남은 식구들의
모습 그리고 그밖의 일상을 소재로 한 것과
기도문 등입니다.
우리도 언젠가는 가야 할 영원한 고향으로
남편을 먼저 배웅해 보낸 아내의 슬픈
노래입니다. 책으로 나오리라고는 상상도
못했던 기적과도 같은 일입니다.
(평소 청탁받는 것도, 청탁 넣는 것도 즐기지 않던) 남편이
하늘나라에서 로비를 세게(?) 한 것 같습니다.
아내에게 손가락 걸고 약속해 놓고 황망히
떠나서 면이 안 선 게지요.

남편의 투병 기간은 제가 지금까지 살면서 가장
슬프고도 힘든 시간이었지만 한편으로는 가장
행복한 시간이기도 했습니다.
매일 매일 하나님의 위로와 간섭하심과 동행하심을
남편과 함께 경험했기에, 가장 아름다운
시간이었습니다.
남편과 우리 가족을 위해 주변의 많은 분들의
기도가 있었기에, 세상이 줄 수 없는 평안 안에서
우리에게 허락된 시간을 슬프지만 아름답게 채울
수 있었습니다.
한걸음에 달려와 잡아 준 따뜻한 손길과 발걸음이
있었기에 우리 식구들은 큰 힘을 얻었습니다.
'함께'라는 이름의 위로를 주신 모든 분들께 마음
깊이 감사드립니다.
우리들의 이야기는 이제 끝이 났습니다. 그러나
어딘가에서 또 다른 아름다운 이야기가 계속
피어날 것입니다.

지금 이 순간 어느 병상에서
어느 요양원의 산책로에서
아니면 새벽 예배당의 십자가 아래에서
파르르 떨고 있을 그 한 사람에게
그리고 그 가족에게
이 글을 드립니다.

부족하기 짝이 없는 글을 예쁜 책으로 태어나게
해주신 홍성사 여러분께 감사드립니다.
이 모든 일의 시종을 주관하신 하나님께
감사드립니다.

2015년 1월 31일

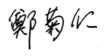

우리들의 시편 1

**그를 두고 오는 길**
Leaving Him Behind
Psalms We Write 1

**지은이** 정국인
**펴낸곳** 주식회사 홍성사
**펴낸이** 정애주
국효숙 김의연 박혜란 송민규 오민택 임영주 차길환

2015. 3. 10. 초판 발행   2025. 5. 15. 2쇄 발행

등록번호 제1-499호 1977. 8. 1.
주소 (04084) 서울시 마포구 양화진4길 3
전화 02) 333-5161   팩스 02) 333-5165
홈페이지 hongsungsa.com   이메일 hsbooks@hongsungsa.com
페이스북 facebook.com/hongsungsa
양화진책방 02) 333-5161

ⓒ 정국인, 2015

ISBN 978-89-365-1080-0 (04230)
ISBN 978-89-365-0540-0 (세트)